COMO GESTIONAR TU DINERO

CÓMO GESTIONAR E INVERTIR TU DINERO

Método para ahorrar, invertir en bolsa y ganar dinero
Genera riqueza con inversión pasiva y sentido común
Guía para principiantes y cómo invertir con *eToro*
Nacho Caballero

www.nachocaballero.com

DESCARGO DE RESPONSABILIDAD

Sobre el autor

El autor del libro no es asesor financiero con licencia, asesor de inversión registrado o corredor de bolsa registrado. En ningún caso se dedica al asesoramiento de inversión, financiero, legal o fiscal y nada en este libro debe ser interpretado como tal por usted. Este libro y su contenido debe ser utilizado como herramienta educativa única y exclusivamente. Nunca debe reemplazar al asesoramiento profesional sobre inversiones.

"Esta guía de inversión no está respaldada de ninguna manera por *eToro* y no refleja sus puntos de vista ni constituye asesoramiento comercial de *eToro*".

Sobre la plataforma de inversión *eToro*

Sobre eToro: eToro es una plataforma multiactivos que ofrece inversiones tanto en acciones como en cryptoassets, así como en el comercio de activos CFD (Contract for difference).

Tenga en cuenta que los CFD son instrumentos complejos y tienen un alto riesgo de perder dinero rápidamente debido al apalancamiento. El 75% de los inversores pierden dinero al negociar CFD con este proveedor. Debe considerar si entiende cómo funcionan los CFD y si puede permitirse el lujo de asumir el alto riesgo de perder su dinero.

Cryptoassets es un producto de inversión no regulado

altamente volátil. No hay protección de los inversores de la UE. Este contenido está destinado únicamente a fines informativos y educativos y no debe considerarse como un consejo de inversión o recomendación de inversión. El rendimiento pasado no es una indicación de resultados futuros. El historial de operaciones presentado es inferior a 5 años completos y puede no ser suficiente como base para la decisión de inversión. Esto no es un consejo de inversión.

Dedicado a Jesús y Jordi

ÍNDICE

PARTE UNO

GESTIÓN DE TU DINERO

VIDAS QUE ESTE LIBRO HA CAMBIADO

Un libro para desenvolverte en el mundo en el que estamos todos, el de la economía.

Nacho con sus vivencias, experiencias y anécdotas aporta un excelente conocimiento sobre esa compañera de vida llamada la economía. Con su libro elimina muchísimas ideas preconcebidas sobre el dinero. Es un relato fundamental para todas las personas que quieran empezar a cambiar su vida, su mentalidad... su visión sobre el dinero.

No es un libro para los que piensen que hay un botón mágico para hacerse rico. Es un libro con los pies en la tierra para personas que entienden la necesidad de esfuerzo, sacrificio y riesgo que implica tu control financiero.

Nacho ya ha recorrido ese camino, y como una brújula te da la dirección y te apunta los aspectos clave para que no te pierdas. Pero el camino no lo olvidemos, lo debes caminar tu

Santiago Raga. Acumula unas ganancias superiores al 80% en su primer año como inversor. Invirtió 400€ y los recuperó íntegros. Ahora tiene más de 1500$ trabajando para él que son puro beneficio.

El miedo a abordar una nueva situación financiera para la que no estamos del todo educados me paralizaba. Tras leer "Cómo gestionar e invertir tu dinero" de Nacho Caballero, ese miedo se difuminó y decidí lanzarme a la piscina de la inversión para hacer que mi dinero empezase a trabajar y conseguir con ello un colchón económico que me permita respirar el día de mañana. Las explicaciones sencillas de conceptos básicos (y necesarios) hacen que este libro sea 100% recomendable si quieres salir de la cueva de la ignorancia económica, que, al final, condiciona muchos aspectos de nuestra vida.

Ana Caballero. Acumula una rentabilidad del 12% en sus inversiones desde enero de 2021. Lo que jamás vivió con la banca tradicional.

Entrega lo que promete. Un libro que va al grano sin pérdidas de tiempo ni florituras. Escrito de forma concisa, clara y amena. Yo quería arrancar invesiones a partir de la plataforma *eToro*, por lo que se ha convertido en una ayuda extraordinaria. Lo considero un atajo para no perder el tiempo y ahorrarte posibles errores.

César Val. En su primer mes y medio invirtiendo, acumula un 15% de rentabilidad en sus inversiones en empresas de lujo, su especialidad.

A QUIÉN VA DIRIGIDO ESTE LIBRO

- Si eres una persona que no tiene ni idea de **invertir, te come la curiosidad** sobre cómo empezar y quieres hacerlo tomando todas las precauciones posibles... estás leyendo el libro adecuado.

- Si quieres un **libro que vaya al grano,** que no te cuenta la historia de la economía ni de la inversión y que no tenga términos raros que no se explican de forma llana y sencilla... este es tu libro.

- Si quieres un libro en las que mitad del contenido ya lo has leído en otro sitio o no te aporta nada, **en este libro encontrarás solo lo que necesitas saber.** No juzgues su valor por su grosor. Si quieres un tope de puerta, no cuentes con este libro.

- Si solo tienes **sesenta minutos para leer y 50€ para hacer tu primera inversión,** este es tu libro. Repito, aquí no me ando por las ramas y si valoras los libros por el número de páginas que tienen, **NO TE LO COMPRES.**

- Si quieres un **sistema de inversión sencillo** y con cero complicaciones para hacer que tus ahorros crezcan a medio y largo plazo, la inversión pasiva que te voy a contar en este libro... lleva tu nombre.

- Si quieres entrar de lleno en el mundo de la inversión y descubres que te apasiona entenderlo... vas a disfrutar mucho con la inversión activa que te propongo a través de *eToro*.

- Si quieres **probar a invertir GRATIS** con dinero de

mentira, antes de hacerlo con tu dinero de verdad… este es tu libro.

- Si quieres crear una sencilla infraestructura económica que te haga tener una fortaleza financiera que te haga sentir dueño de tus decisiones y futuro, este es tu libro.

- Si eres inversor a pequeña escala, pero te sientes culpable por tu relación con el dinero, aquí vas a encontrar un libro emocional sobre cómo nos relacionamos con el eje económico de nuestras vidas. Vas a dejar de sentirte solo y te ayudará a normalizar eso de "invertir tu dinero" sin sentirte mal.

- Si no cumples ninguno de estos perfiles, no pasa nada. Adelante, lee y disfruta del contenido. Seguro que sacas algo positivo.

INTRODUCCIÓN

La crisis del coronavirus ha hecho que mucha gente pase de tener una vida normal... a estar arruinada al mes siguiente. En este libro quiero darte las **nociones básicas para que no vuelva a suceder**. Para que dejes de perder todo el dinero que ganas y que comiences a tomar las riendas de tu economía y de tu vida.

Abordaremos desde lo más básico que nunca nos han enseñado en relación a la educación financiera, hasta elementos más complejos como es **la idea de invertir nuestro dinero**. Y no, no es como apostar como Nicolas Cage en *Leaving Las Vegas* ni de personas temerarias.

Te voy a contar mi experiencia y todo lo que he aprendido (y desaprendido) con la inversión pasiva y la inversión activa: en este punto, te hablaré largo y tendido de una de las herramientas de inversión más populares del mundo: *eToro*

No te voy a contar cómo funciona en detalle, porque para eso ya tienes centenares de vídeos en Youtube, post en diferentes blogs y el servicio de ayuda que te ofrece *eToro* que es realmente excelente.

Lo que quiero contarte es todo aquello que **me gustaría haber sabido a mí desde el principio** y que me habría ahorrado mucho tiempo y algo de dinero. Te voy a contar mis grandes aciertos en inversión, mis grandes cagadas y cómo evitarlas.

También voy a compartir contigo algunos hábitos que he adquirido como inversor, dónde me informo y me formo para mantenerme al día de todo lo que rodea a este apasionante mundo.

Te enseñaré a cómo invertir como un auténtico experto sin serlo.

Aviso: nada de lo que te cuente son consejos de inversión. Es mi experiencia compartida contigo de forma sincera y con la idea de ayudar. Con este libro te vas a ahorrar mucho tiempo y dinero.

Ponte cómodo, que empezamos.

¿Qué hace alguien como yo escribiendo un libro como este?

Soy Nacho Caballero. Casado y padre de dos niños: Óliver y Alma. Escritor y experto en Storytelling. Soy autor de otros cuatro libros que puedes leer en Amazon y que, en líneas generales, tienen poco que ver con el que tienes entre tus manos… salvo lo mencionado en el aviso inicial.

Si me *Googleas* no encontrarás rastro de formación

especializada en Inversión. **Soy una persona como tú** que te va a contar cómo ha descubierto este mundo del control del gasto, ahorro e inversión. Por ese orden.

La combinación perfecta de práctica, experiencia y también la formación necesaria para no perder hasta la cabeza.

Por qué cambió mi relación con el dinero

Hace cuatro años fui despedido de una empresa en la que trabajé desde mis veinte años, hasta que estaba por encima de los cuarenta. En ese momento es cuando mi economía y la de mi familia, se enfrenta a un enorme desafío: **menos ingresos y los mismos o más gastos. ¿Te suena?**

Aquel cambio vital, con una hija recién nacida y un hijo de dos años, hace que mis hábitos de consumo y de gestión del dinero cambien de forma radical.

También a nivel laboral, decido dedicarme a lo que me apasiona de verdad: escribir y contar historias. ¿Demasiados cambios? Puede ser. Pero te puedo asegurar que el cambio ha merecido la pena, porque ahora soy dueño de mi tiempo y de mi dinero.

Llegué al mundo de la inversión gracias a un excompañero de trabajo llamado Jesús. Entre cañas y risas surgió la conversación sobre el **tema tabú por antonomasia en esta sociedad: el dinero.** Fue él quien me picó la curiosidad por dejar que mi dinero se pudra en el banco.

- Mi primera inversión fue hace más de dos años. Verano de 2018. Mi amigo me comenta que puedo invertir en un Índice llamado *SP500* (al que luego te presento), a través de *ING Direct*. Una experiencia que me reportó algunos euros y me hizo pensar que igual la entidad bancaria en la que tengo mi hipoteca y que me da unos intereses de 0,002€ semestrales, no es tan maja como parece.

- A finales de ese año descubro *Goonder*: una aplicación que tiene un innovador sistema basado en la gamificación. El concepto es rompedor y atractivo, pero al final se convierte en mucho ruido y pocas nueces. Quizá algún día la revisite para probar.

- Para usar *Goonder* necesitaba tener mi dinero en una de estas dos entidades: *Indexa Capital* o *eToro*. La primera, se dedica a la inversión pasiva. La segunda, a la inversión pasiva y activa: con un nivel de usabilidad que, si no la conoces, te va a alucinar. Ojo: hay que hacerlo con cabeza. A eso pretende ayudar este libro.

- *Goonder* me hace conocer a fondo a *Indexa Capital y Finizens*: ambas de inversión pasiva y, en paralelo, comenzar a probar a invertir con *eToro* en enero de 2019.

Hasta hoy, que me he convertido en dueño de mi dinero, de su gestión y de un proyecto personal y familiar que nos haga sentir que, gracias al conocimiento adquirido, podremos tomar mejores decisiones de ahorro, gasto e inversión de ahora en adelante.

¿Quieres saber más? Comenzamos.

CONTROL DE GASTOS

Me pasaba lo mismo que a ti: si ganaba 1000€ los gastaba, si tenía 2000€ los fundía en el mes y si tenía 3000€ también.

Me di cuenta de que había pasado un montón de años y vivía con una mano delante y otra detrás. Y lo peor de todo, sin saber dónde se había ido todo mi dinero.

Fue entonces cuando puse en marcha un plan de tres patas que te cuento a continuación:

1. Control de gastos
2. Ahorro
3. Inversión

Control de gastos

Lo primero que tuve que averiguar fue en qué se me iba el dinero. Para poder hacer este trabajo hay mil plantillas en internet y aplicaciones para smartphone. Yo usé la plantilla que Google tiene en sus plantillas tipo Excel. Es gratis.

También me descargué una *App* llamada *Gastos Diarios* en *Android*. Tiene un pequeño coste, pero es muy potente y la llevas siempre contigo. Porque se trata de apuntar hasta el café casual que te tomas un martes sin venir a cuento.

Lo mínimo que recomiendo para evaluar de forma fiable la situación, son tres meses de gastos e ingresos. Si puedes evaluar un año, mejor que mejor.

Cuando la completé de forma detallada y vi en qué se me iba el dinero... sentí que tenía superpoderes y hasta que podía ver el futuro.

- Lo más importante es llegar a tener una **visión anual** de los gastos.

Ejemplo 1: Si te suben el alquiler 50€/mes... son 600€ al año.
Ejemplo 2. Netflix no son 8€ al mes. Son casi 100€ al año.

- Tomé nota de cuándo me llegan los gastos extra anuales. Y creé una cuenta para ese tipo de gastos. La idea es la misma que antes:

Tener una visión anual y una ejecución mensual de tu economía

Ejemplo: las dos facturas grandes de gas, el seguro del coche, la casa, el IBI...

Una vez aclarado esto, ha llegado el momento de sacar la motosierra y comenzar a podar gastos que no te llevan a ninguna parte.

Ejemplo: los 80€ mensuales que se te van en cafés y/o cañas son casi mil euros anuales.

Lo siento, si no eres capaz de cuestionar ningún gasto, eliminarlo y poder ahorrar, cierra este libro y ponte a otra cosa.

Si te sientes capaz, vamos al siguiente paso.

_____

Recuerda: es importante que primero tengamos una foto de cuál es nuestra situación actual, para poder construir las bases de lo que será nuestro ahorro y posibles inversiones.

*Intentar ahorrar de forma caótica o invertir sin seguir estos pasos, es el camino más corto para que te arruines. **No es broma.***

AHORRO

Mi principal objetivo es tener, como mínimo, **tres meses de ahorros que me permitan vivir sin recibir ingresos** de ningún tipo. Pero no porque venga un coronavirus, sino por tener una vida tranquila y con cierta consistencia financiera.

Si el colchón puede ser de seis meses o un año, mejor que mejor.

Ejemplo: si mi vida me cuesta tres 3000€ al mes, dato que me dará el primer punto, necesitaré un colchón de 9.000€ de grosor para aguantar tres meses a la intemperie. Ahora hemos visto que puede pasar.

El mejor método que conozco es el **pre-ahorro**: lo primero que hago cuando recibo la nómina o cualquier ingreso regular, es **apartar un 10%** para no contar con ello. Eso irá nutriendo mi ahorro y luego mi colchón. Si es un 5% también vale.

Cobrar 1000€ y guardar 100€: que son 1200€ al año. Cada uno lo que pueda. Todo suma.

Mi estructura económica se puede resumir en:

1. **Cuenta corriente**: en la que se produce el ingreso de nóminas y demás. También los gastos corrientes mensuales y las compras cotidianas de comida, ocio, etc…

2. **Bote de contención**: es todo aquello que forma parte de gastos futuros y previsibles: el seguro del

coche, de la casa, el IBI, las vacaciones (que más o menos sé lo que me cuestan cada año), el nuevo *Iphone* y todas esas cositas.

Lo ideal es tener **presupuestado** todo lo que tengo la certeza que ocurrirá en mi vida económica porque se repite de forma periódica.

Es bueno fomentar la ilusión de ahorrar para eso que me quiero comprar. Ser consciente de que, si quiero hacer un viaje familiar o un capricho, lo mejor es tener un AHORRO que me permita afrontar esos gastos extra, sin tocar el resto de la economía del día a día ni el colchón de seguridad

Lo de **comprar a plazos o por impulso** productos caros va en contra de la calidad de vida y de mi sueño.

También te digo. Si te compras algo, que sea bueno. Ahorrarás tiempo y dinero. Esto no va de escasez, sino de usar el dinero con cabeza.

Ejemplo: si te compras un *Iphone (con tus ahorros, sin endeudarte)*, tienes teléfono para más de cuatro años sin pestañear. Si te compras un *Android* de 200€, en año y medio hará cosas raras como la niña de *El Exorcista*.

Aviso: nada de pedir un crédito para comprarte el smartphone de la manzana o comprarte el *Galaxy* nuevo de cada año.

Ahorra… o nunca. ;-)

3. **El colchón:** es una cuenta diferente en la que dispongo de esos 9000€ de seguridad por si vienen MUY mal dadas. Este dinero está enterrado y no lo debo tocar salvo emergencia total. Está destinado para si se produce una crisis personal, familiar o laboral que me deje sin ingresos.

La única razón de existir de este colchón es mi calidad de sueño. Espero no tener que usarlo "nunca".

Es cuando tengo esta estructura económica conseguida, cuando me planteo invertir parte del dinero que me "sobra". Esto es muy importante que sea así, porque toda inversión conlleva un riesgo.

Recuerda: el hábito de ahorrar para comprar aquello que nos hace ilusión es la única forma de no arruinar nuestro plan económico. Hacer presupuestos y previsiones sobre los gastos que sabemos que vamos a tener, es tomar el control sobre nuestra vida financiera.

Si todo está correcto y se cumple, solo en ese momento, es sensato invertir un dinero que podamos llegar a perder sin que nuestra economía se derrumbe.

LEYENDAS URBANAS SOBRE EL DINERO

Invertir nuestro dinero. Con la que está cayendo, mientras las bolsas han perdido un 20% en diez días hace tan solo dos meses por culpa del COVID-19.

Desde pequeños nos han inculcado la idea de que el mejor sitio para nuestro dinero es el banco. Cuando en realidad, hay algunas ideas básicas que desmontan esta leyenda urbana.

- **La inflación se come tu dinero.** Esta fue de las primeras lecciones que aprendí: **si tienes diez mil euros** en el banco sin generar interés porque los tipos de interés son cero, **en diez años tendrás ocho mil euros.** Magia. El 2% de inflación anual (de media) es la responsable. Echa cuentas.

10000€ —— diez años después — — 8000€

Imagina esto con la inflación de 2022. Con un 10% mensual

¿Cómo te quedas?

- **Tu asesor bancario, te quiere.** Creo que tenemos historias recientes de sobra para saber que no es así. Nunca se me ocurriría hacer caso al empleado de banca de mi oficina. No busca mi beneficio ni protección, ni siquiera el suyo; sino el de la entidad para la que trabaja. Para eso le pagan.

Estamos hablando de entidades que te cobran 25€ trimestrales por "mantenimiento de cuenta". Y todo porque tu nivel de vinculación con ellos no es el máximo. Hacer esto se parece mucho a robar.

- **El plazo fijo: ese búnker.** La sensación que tenemos todos de que para sacar un dinero que has puesto a plazo fijo, para que te de una rentabilidad que igual no supera la inflación (lo que te implica perder dinero)... tienes que estar muriéndote o tener una necesidad de causa mayor. En este libro descubrirás empresas modernas (sin que esto sea motivo de sospecha), en las que el dinero que estás invirtiendo y con el que sacas una buena rentabilidad, te lo reembolsan al día siguiente. 48 horas máximo.

"A la mierda el búnker"

En los últimos años, han surgido muchas empresas y profesionales serios que ofrecen **mejores condiciones para sus clientes**. No seré yo el que te recomiende a nadie en concreto, pero allá un listado de nuevas entidades bancarias que te tratan como te mereces y te ofrecen unas condiciones dignas si lo que quieres es simplemente que te guarden tu dinero.

- *Revolut*
- *Bnext*
- *N26*

Merece la pena que les eches un vistazo. Hasta *ING*, con el que llevo décadas vinculado, es un banco honesto que no te clava comisiones por respirar. Al contrario.

Vivimos una época que supone el fin de los

intermediarios que no aportan nada al producto o servicio que ofrecen. En ese sentido, todos los empleados de banca cuyo trabajo era teclear procedimientos previsibles y automatizables, están condenados a desaparecer.

Si hablamos de inversión, hablaremos de la inversión pasiva y de la inversión activa. En el caso de la inversión pasiva, las principales opciones que conozco son:

- *Indexa Capital*
- *Finizens*
- *ING. Inversión Naranja +*
- *eToro*. En una de sus modalidades.

En **inversión activa**, dedicaremos gran parte de este libro a *eToro*, que en la palma de tu mano te permite **invertir desde 50€ sin comisiones**. Desde Agosto de 2021 esa apertura ha quedado en 50$ en España y los principales países donde opera *eToro*, situación que debes revisar en el momento que hagas tu inversión porque lo cambian con frecuencia.

Usar esta plataforma tiene es peligroso para un inversor novato sin la formación previa adecuada.

Recuerda: el dinero del que te voy a hablar en relación a INVERTIR, es aquel dinero que "te sobra", una vez creado tu bote de contención y el colchón de seguridad.

Un dinero que no vas a necesitar a corto ni medio plazo. Que incluso podrías llegar a perder, sin que eso arruine tu economía.

Espero que, tras leer este libro, te sientas empoderado a emanciparte de tu banco y sientas que tomas el control de tu dinero.

Vayamos antes con un diccionario básico para inversores novatos.

DICCIONARIO PARA INVERSORES PRINCIPIANTES

Antes de empezar a hablar de inversiones, quiero que te familiarices con conceptos y temas que vamos a nombrar con frecuencia en este libro. Como te he dicho al principio, nada de lenguaje técnico porque no soy un experto. Es como una conversación de café entre tú y yo.

- **RENTA FIJA:** es un tipo de inversión en el que hay un **compromiso de devolución** del dinero invertido y una cierta rentabilidad. Como puedes imaginar, la rentabilidad suele estar muy por debajo de la inflación devoradora; lo que significa que el valor de tu dinero disminuye con el paso del tiempo.

Son inversiones que suelen estar vinculadas a garantías que dan los propios países; que no suelen quebrar fácilmente. Hay excepciones como Venezuela o Argentina que lo hacen cada diez años.

- **RENTA VARIABLE:** en este caso, la rentabilidad de la inversión y la recuperación del dinero no **están garantizadas.** Está vinculado a inversiones en valores bursátiles que pueden subir o bajar de valor.

Si una empresa **pierde todo** su valor, **pierdes tu dinero.** Para poner un ejemplo dramático.

- Si baja de valor y vendes, también pierdes.

- Si baja de valor, aguantas y se recupera, volverás a ganar dinero.

"Al marcapasos invita la casa".

No sé cuántos seguirán leyendo después de esto. Vamos con ellos/as.

- INVERTIR EN UN ÍNDICE: equivale a invertir en un país. Los índices engloban a las empresas más importantes que operan en la bolsa de los diferentes países. Es renta variable y tu capital está en riesgo. Los nombres de estos índices van precedidos de unas letras y luego de un número que indica el número de empresas que están ponderadas dentro de ese índice.

- *DAX40*: índice en el que cotizan las 40 empresas de mayor capitalización de Alemania.

- *SP500:* índice en el que cotizan las 500 empresas de mayor capitalización de EE. UU.

- IBEX35: índice en el que cotizan las 35 empresas de mayor capitalización de España. Se suele comportar como una *peli de Garci.*

Tienes índices de todos los países. Invertir en ellos equivale a hacerlo en la economía de cada uno de ellos.

Te dije que te iba a presentar a mi primera experiencia de inversión: el mítico índice *SP500*: uno de los más usados para invertir en bolsa por parte de los **fondos indexados**, que luego te contaré lo que son.

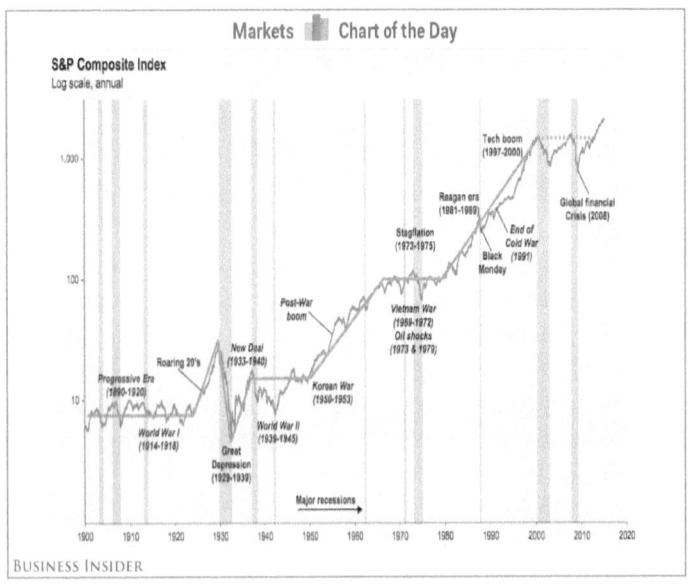

Como puedes ver, desde el año 1900 es un Índice que **siempre ha terminado subiendo**. Esto lo digo porque si contemplamos inversiones a 15-20 años vista... lo normal es que nuestra inversión nos de un interesante beneficio económico.

Observa que el índice ha superado **dos guerras mundiales** y ha seguido creciendo.

Estamos a finales de junio de 2020 y este índice ya está en niveles de enero de este mismo año: antes de la crisis del coronavirus y muy cerca de máximos históricos. Quién lo diría. Eso no significa que no vuelva a caer con fuerza por la persistencia del virus. NUNCA te creas capaz de adivinar lo que hará el mercado.

Si eres inversor, espero que no hayas vendido tus inversiones cuando se decretó el estado de alarma. Si lo hiciste, aquí encontrarás estrategias para que no te vuelva a pasar.

- INVERTIR EN UNA EMPRESA: en este caso, ponemos nuestro dinero en manos de lo que hace esa empresa a todos los niveles. Invertir de esta forma es más complejo porque las empresas Sí que pueden quebrar o reducir mucho su cotización.

Necesitas 50€ para invertir SIN comisiones con *eToro* en una empresa. No hay que ser millonario. Otro de los grandes mitos a desmontar.

Hay que conocer muy bien cómo interpretar los diferentes números que tiene la empresa para invertir con un cierto criterio. Se puede acudir a profesionales muy bien formados y solventes. También a formación gratuita muy interesante que te comentaré al final del libro.

Como ejemplo: en los últimos meses y antes del coronavirus, *Renault* perdía más de la mitad de su valor, mientras *Tesla* lo quintuplicaba. O que la empresa *Aurora Cannabis* que parecía que se iba a comer el mundo, ha pasado de 6$ por acción, a 0,70$ y ahora está en 15$ aprox. Una montaña rusa de emociones.

- INVERTIR EN MATERIAS PRIMAS: las dos por excelencia son el Oro y el Petróleo, aunque hay muchas más.

Se suele decir que el Oro es un valor refugio que sube

cuando todo lo demás baja (como ahora), aunque no siempre es así.

En una crisis como la actual, el petróleo está por los suelos y remontará cuando esté previsto que los coches y los aviones vuelvan a circular. No "hay que ir a Salamanca" para saber esto.

De hecho, el petróleo cotizaba a 14$ en el mes de abril 2020 y dos meses después roza los 40$

La pregunta es: ¿Qué hago con mi dinero?

Como ya he dicho, no seré yo el que te diga lo que tienes que hacer con tu dinero. En este *libro* te voy a comentar algunas alternativas interesantes que he tenido la ocasión de probar, en todos los casos, en primera persona.

Aquí te hablo de conceptos básicos en los que suele cumplir la máxima de: a mayor riesgo, mayor beneficio. Aunque si hablamos de inversiones a largo plazo, como has visto en el gráfico del SP500, el riesgo disminuye y la posibilidad de recuperación y beneficio aumenta.

Recuerda: la inversión va de esto; de resiliencia, tolerancia a la incertidumbre y conocimiento de uno mismo. Para mí ha tenido un efecto muy positivo en mi forma de afrontar contratiempos en otros ámbitos de mi vida. Te obliga a una disciplina brutal, mente fría ;-) y potencia mucho la capacidad de análisis para la toma de decisiones.

Si no te ha quedado claro alguno de los conceptos, por favor, investiga en internet hasta que des con la explicación que te haga entenderlo antes de seguir adelante.

INVERSIÓN PASIVA

Consiste en invertir en sistemas semiautomáticos o *robo advisors*: tu dinero es manejado por un algoritmo con una mínima intervención humana. La **diversificación es muy elevada** y el riesgo por tanto también está más repartido.

Pasado a limpio: es más fácil que una o pocas cosas vayan mal a que lo hagan muchísimas a la vez.

Los defensores de esta filosofía de inversión se fijan **siempre en el largo plazo** y defienden que, en largos periodos de tiempo, confiar en los Índices de diferentes países es la mejor opción para diversificar y minimizar los riesgos de la inversión.

Justo lo que has visto en el gráfico del *SP500*.

También se denomina a este tipo de inversión la que se hace en **fondos indexados**: inversión pasiva que replica el comportamiento de los índices de diferentes países o economías. Al final del libro verás algún libro recomendado sobre este tema.

Métete en la cabeza que **cuando inviertes tu dinero, SIEMPRE** hay un **riesgo** de perderlo. Si pudiera te lo pondría en negrita doble. El mismo riesgo que genera la posibilidad de **obtener un beneficio**.

Al pan, pan… y al vino, vino.

La inversión pasiva te ofrece diferentes niveles de **proporción** entre **renta fija** y **renta variable**: según tu nivel de riesgo, que determinan con un cuestionario previo.

Algunas de las empresas que ya te he comentado y que se dedican a la inversión pasiva son: *Finizens* e *Indexa Capital*. Suelen diseñar carteras que invierten en diferentes países, materias primas y empresas. Presumen de invertir hasta en 18.000 posiciones diferentes. Para que la diversificación sea máxima y el riesgo disminuya.

Mi experiencia personal en ambos casos es: que son productos pensados para el largo plazo con bajas comisiones. La principal pega son los tiempos de ingresos y retiradas de dinero, que pueden llegar a una semana o más. Hay otros competidores que lo hacen más rápido, en caso de que tengas una urgencia.

Insisto en que el dinero a invertir debería ser un dinero que puedas llegar a perder sin arruinarte o que no necesites en los próximos años, salvo emergencias REALES.

MÁS INVERSIÓN PASIVA

Como cliente de *ING* desde hace años, te puedo decir que tiene un producto muy parecido a los mencionados anteriormente que se llama *Inversión Naranja +®*. Puedes elegir el nivel de riesgo y también está pensado para el largo plazo.

Mi experiencia personal me ha hecho decantarme por

esta opción frente a *Finizens* e *Indexa Capital*, porque no tengo que abrir otra cuenta en ninguna parte. Prefiero tenerlo todo unificado.

Además, los tiempos para ingresos y recuperación de dinero se reducen drásticamente y suelen ser de dos días laborables. Las comisiones son ligeramente más elevadas.

La inversión pasiva que te ofrece ING en sus diferentes fondos abarca las siguientes proporciones:

- FONDO CARTERA NARANJA 10/90
- FONDO CARTERA NARANJA 20/80
- FONDO CARTERA NARANJA 30/70
- FONDO CARTERA NARANJA 40/60
- FONDO CARTERA NARANJA 50/50
- FONDO CARTERA NARANJA 75/25
- FONDO CARTERA NARANJA 90

El primer número refleja la inversión porcentual en renta variable y el segundo la inversión en renta fija. Va de menos riesgo a más riesgo.

Ejemplo: Fondo Cartera NARANJA 90 .
90% renta variable y 10% en Oro.

- Rentabilidad 2015: 6,81%
- Rentabilidad 2016: 8,96%
- Rentabilidad 2017: 7,36%
- Rentabilidad 2018: -7,83%
- Rentabilidad 2019: 24,91%
- Rentabilidad 2020: 2,7% (año de la pandemia)
- Rentabilidad 2021: 21,3% (año postpandemia)

En cuanto a la composición de la inversión de este fondo, es la siguiente:

●90% R. Variable:
Acciones USA   30%
Acciones Europa   40%
Acciones Japon   10%
Acciones Emergentes   10%
●10% R. Oro o liquidez:

Como puedes ver, está bastante repartido. También puedes observar que en el año 2018 la rentabilidad fue negativa. Por eso insisto tanto en que esto está pensado para inversiones a largo plazo. En el cómputo global, la tendencia de este tipo de inversiones tiende a ser alcista.

En este enlace puedes ver los detalles de cada fondo. [1]

Aclaración: Las rentabilidades pasadas nunca garantizan rentabilidades futuras.

INTERÉS COMPUESTO

En todos los casos de inversión pasiva que te he comentado, lo más importante es el interés compuesto: a partir de la cantidad invertida, se

---

[1] Enlace para la versión papel: https://www.ing.es/fondos-inversion#

generan unos intereses que se suman a la cantidad inicial y también generan intereses.

Ejemplo: si inviertes 100€ en una cuenta y esta genera 20€ de beneficio, este tipo de ahorro comenzará a generar intereses sobre 120€, no solo sobre los 100€ iniciales.

De ahí la importancia de mantenerlo a muy largo plazo porque, cuanto más tiempo pase, más potencia tendrá el interés compuesto.

Es el llamado "efecto bola de nieve". Veamos un ejemplo más claro:

- Tienes 10.000€ y los ahorras durante 30 años con un interés del 10% anual, al cabo de ese tiempo tendrás 40.000€.

- La misma situación, aplicando el **interés compuesto**, te dará un resultado de 174.494€. El motivo es que los 1000€ de intereses del primer año, también forma parte del capital que se beneficia del 10% de interés y computa así en los años posteriores de forma creciente.

Otro ejemplo más:

- ¿Prefieres 10.000€ cada día durante un mes o un **céntimo de euro diario** que se dobla de valor cada día? En el primer caso obtendrás 300.000€ y en el segundo... adivina:

DIA	CANTIDAD
1	0,01
2	0,02
3	0,04
4	0,08
5	0,16
6	0,32
7	0,64
8	1,28
9	2,56
10	5,12
11	10,24
12	20,48
13	40,96
14	81,92
15	163,84

DIA	CANTIDAD
16	327,68
17	655,36
18	1310,72
19	2621,44
20	5242,88
21	10485,76
22	20971,52
23	41943,04
24	83886,08
25	167772,16
26	335544,32
27	671088,64
28	1342177,28
29	2684354,56
30	5368709,12

Más de cinco millones de euros.

Hay infinidad de *Apps* que puedes descargar y hacer simulaciones. En plazos de 10 a 20 años como mínimo, acuérdate.

Recuerda: la inversión pasiva es la mejor opción si lo que quieres es que tu dinero deje de perder valor en el banco y al mismo quieres vivir tranquilo. Es un producto diseñado para optimizar el rendimiento de tu capital en el largo plazo. Tú eliges el nivel de riesgo.
No requiere tu intervención en ningún momento y si necesitas el dinero por una URGENCIA REAL, en unos pocos días lo tienes disponible.

PARTE DOS

INVERSIÓN PASIVA Y ACTIVA CON *eToro*

QUÉ ES _eToro_

Si quieres saber cómo se usa esta plataforma, tienes muchas información en internet, especialmente en _Youtube_. Aquí lo que quiero es compartir contigo mis **conocimientos de esta** herramienta **aplicados a la vida real**, basado todo en mi propia experiencia.

Voy a compartir contigo **mis aciertos** y errores, los recursos que uso en el día a día para manejarme en mis inversiones y herramientas para que inviertas como un experto... sin serlo.

Si tecleas "opiniones sobre _eToro_" en Google, te vas a encontrar de todo y mucho de ello muy malo. Desde la gente que te dice que te roba, que es ilegal, que es un chiringuito o que no te dejan sacar tu dinero.

Como te digo, nada de esto es cierto en lo que se refiere a mi experiencia: llevo año y medio trabajando con ellos y siempre me han atendido a mis consultas y he podido sacar y meter dinero sin problema.

De hecho, la última vez que saqué dinero de mi cuenta de _eToro_, hace unos días, tardó **24 horas** en llegar a mi _Paypal_.

Otro de los problemas más comentados es que cobra unas comisiones más altas que la de otras plataformas. Es cierto. Lo que sucede con _eToro_ es que **tiene un nivel de usabilidad brutal** que la hace muy superior a cualquier otra de las que he probad.

Con _eToro_, la facilidad de uso te dará una experiencia

de usuario excelente y, al mismo tiempo, un poco de vértigo. Por eso existe este libro: para que no te estrelles a la primera.

Las emociones y la inversión se llevan mal. Por eso, el hecho de que con dos movimientos de pulgar puedas invertir o desinvertir con *eToro*, lo considero peligroso si no te has formado antes.

Considera este libro un punto de partida para crear tu propia rutina de inversión. Y no te salgas de ella.

Esto como lo de que *Los Gremlins* no coman después de medianoche. Va en serio. *eToro* es un *Mogway* que tiene sus reglas para que no se convierta en *Gremlin*.

A diferencia de la inversión pasiva, en la que otro conduce y tu inversión va sobre raíles y con un rumbo fijo, con *eToro* tú llevas el volante.

Aunque con *eToro* también puedes invertir de forma pasiva. Te lo contaré más adelante.

Pienso que *eToro* es para gente que no es experta en el mundo del trading o que no quiere calentarse mucho la cabeza con la operativa.

Me recuerda a cuando eliges comprar un *Mac* frente a un *PC*: sabe que es más caro, pero que no le va a dar dolores de cabeza y es sencillo de utilizar. Un *Mac* lo enciendes y lo usas. Con un *PC* tienes que andar con librerías, actualizaciones, plugins y mandangas: al final necesitas a tu cuñado el informático.

También se critica que, un alto porcentaje de los inversores de este tipo de plataformas, pierde dinero. Una verdad como un castillo y que, por temas legales, siempre hay que dejar por escrito en cualquier contenido relacionado con ellas. Como he hecho yo en el comienzo del libro.

El motivo no es otro que el ego del ser humano: uno de los grandes enemigos de los inversores novatos. De esto te hablaré largo y tendido en lo que queda de libro.

Todas las plataformas de *trading*, no solo *eToro,* se forran con los errores de los inversores novatos, que engrosan ese 70-90% de inversores que pierden dinero. Si lees este libro y lo aplicas, reducirás mucho ese riesgo.

Y tú dirás, qué gano yo con todo esto.

Además de que tomes conciencia sobre tu dinero y seas capaz de sacarle algo de partido, decirte que *eToro* es una red social con mucha participación en la que puedes aprender mucho. Y como empresa, premia el hecho de llevar a nuevos clientes. Nada que no hagan la mayoría de las empresas que tienen un "plan amigo". Seguro que lo has hecho o pensado en alguna ocasión.

Por eso, si te resulta interesante este libro, el mejor premio sería que te dieras de alta con mi enlace de afiliado. Aquí lo tienes:

Si te registras con ese enlace, tendrás un regalo que te desvelaré al final del libro.

Recuerda: con eToro puedes hacer inversión pasiva y también inversión activa. Es una red social que lleva al extremo el concepto de Social Trading. Estimula y premia a los mejores inversores, a los clientes que llevan nuevos clientes y cuanto más inviertas en ella, más beneficios tendrás como usuario a nivel de formación, atención personalizada y recursos para ti como inversor.

EN QUÉ PUEDES INVERTIR CON *eToro*

Antes de contarte mi experiencia, vamos a ver lo que puedes hacer en *eToro*, que solo te permite invertir en dólares americanos, aunque el cambio de moneda no es un problema para mí.

Aunque esta plataforma social de inversión no deja de evolucionar, a día de hoy se puede invertir en los siguientes productos.

- **Materias primas:** puedes invertir en: Oro, Plata, Cobre, Café o Azúcar... si eres más de Celia Cruz.

- **Acciones:** desde 10$ puedes hacerte con un trocito de tu empresa favorita.

- **Índices:** equivale a invertir en la economía de un país. Literal:

- DAX40 - Alemania (en *eToro* se llama GER40)
- A50 - China
- SP500 - EEUU
- IBEX35 - España

Aviso: *eToro* invierte en Futuros de esos Índices: cotizan casi 24 horas/día de lunes a viernes. También cuando duermes. Cierran sobre las 22:00 y se reactivan a la 1:00 de la madrugada. Depende del país.

Los Índices normales, que tienen el mismo nombre, lo hacen en un horario concreto. En el caso de los europeos (DAX, IBEX), de 9:00 a 17:30. En Estados Unidos (SP500) lo hacen de 15:30 a 22:30 (hora española).

Digamos que, por resumir mucho, los Futuros son contratos de compra venta con precio y fecha preestablecido.

- **Pares de divisas**: tienes hasta 47. Es la cotización de unas divisas con respecto a otras. Tiene alta volatilidad: subidas y bajadas de vértigo.

- **Criptomonedas**: más de lo mismo. No apto para cardíacos.

- ETF: son fondos de inversión cuyas participaciones cotizan en un fondo regulado. Hay 50 opciones para invertir en ETF dentro de *eToro*. Pasado a limpio: puedes elegir un ETF que invierta en la economía alemana y replique al DAX u otro que haga lo propio con el SP500. También los tienes que invierten en países emergentes o sectores específicos.

_____

Recuerda: la diversificación en tus inversiones, es una de las mejores formas de minimizar el riesgo del dinero que tienes en ellas.

INVIERTE COMO UN EXPERTO SIN SERLO

Inversión pasiva con _eToro_

Como buena red social, en _eToro_ puedes copiar lo que hacen otros inversores expertos: el llamado _Social Trading_.

Es tan sencillo como elegir al inversor del que quieres copiar todo lo que haga con sus inversiones, elegir la cantidad y confiar en su buen hacer. No tienes que hacer nada más. Ligas tu destino a como lo haga la persona en cuestión.

Lógicamente, antes de hacer esto puedes:

- **Ver el historial completo del inversor** durante los últimos años y sus porcentajes de ganancias mes a mes y anuales.

- **En qué está invirtiendo** con todo detalle. Puedes ver todas las inversiones que tiene y las fechas y horas en las que las ha realizado.

- También puedes averiguar **qué porcentaje de su capital tiene invertido.**

Ejemplo: si copias a un inversor con 1000$ de tu bolsillo y este inversor solo está invirtiendo el 50% de su capital, tu inversión real es de 500$. Vigila esto.

Es habitual que los inversores expertos, se guarden parte de su capital por si surgen buenas oportunidades de inversión. No suelen ir en plan kamikaze. Haz lo mismo.

Vamos a ver unos ejemplos.

Copiando a Mariano

Mariano Daniel Pardo es uno de los inversores más famosos de _eToro_ y **uno de los más fiables**. Lleva varios años batiendo a los principales índices en rentabilidad. Es decir, que supera al SP500 y el resto de índices que te he mencionado anteriormente.

Te recomiendo esta entrevista a fondo (disponible en _Youtube_) para que conozcas su dedicación a la toma de decisiones tan exhaustiva que realiza. Es un inversor que, antes de invertir, analiza incluso la rotación de los directivos de las empresas.

Vamos a ver sus números.

En la parte derecha puedes ver la rentabilidad anual de Mariano desde el año 2015.

- 2015. 45,50%
- 2016. 26,14%
- 2017. 29,29%
- 2018. 6,31%
- 2019. 34,63%
- 2020. 18,60%
- 2021. 11,30%
- 2022. -27% (agosto 2022)

Como verás, mucho más del valor de la cubertería de tu banco. Eso si, tienes que darle unas cuantas semanas o meses de tiempo hasta que tu inversión refleje bien el ritmo de la que tiene Mariano. **No es algo inmediato.**

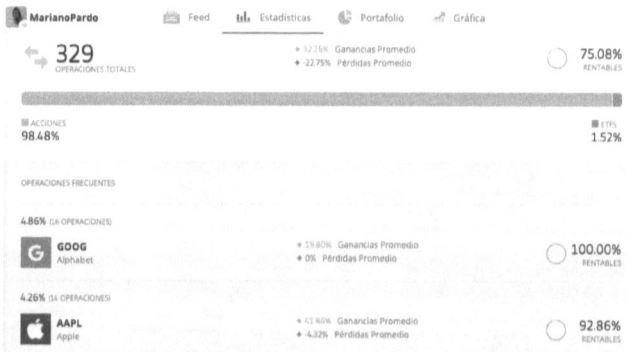

Esto es solo una muestra para que sepas que no inviertes a ciegas. Y recordarte que: **el rendimiento pasado no es indicativo de resultados futuros.**

Te lo dije: invierte como un experto, sin serlo.

Una cosa más. En la siguiente venta verás lo que te aparece cuando vas a copiar las inversiones de Mariano.

Como puedes ver, hay una opción en la que te pone "Copiar operaciones abiertas". Esto es siempre conveniente que lo hagas, porque sino, el dinero que inviertas solo se va a aplicar a las nuevas inversiones que haga Mariano y no a las que haya hecho en el pasado.

Esto puede provocar que pase muchísimo tiempo antes de que tu inversión de el rendimiento de la que tiene Mariano.

Ejemplo: Imagina que NO copias las 20 operaciones que tiene abiertas y que solo quieres copiar las nuevas que haga.

- Inviertes 1000$ para copiarle.

- Él invierte mañana un **1% de su capital** en acciones de Coca Cola.

- Se activa tu copia de inversión y solo el 1% de tus 1000$ (es decir, 10$), serán los que comenzarán a darte rendimientos en tu inversión.

Además de esta inversión pasiva basada en expertos que invierten en *eToro*, tienes la oportunidad de invertir en los llamados:

COPYPORTFOLIO: carteras de fondos temáticas, diseñadas por los expertos de *eToro* y en las que tú lo único que tienes que decidir es la cantidad con la que copias y dejar que lleguen los resultados.

Te lo cuento en el siguiente capítulo.

Espero haberme explicado bien. Al final de este libro te daré la opción de aclararte dudas.

_____

Recuerda: la inversión pasiva a través del Social Trading, consiste en copiar todo lo que hagan inversores expertos. Dentro de eToro puedes ver la trayectoria de cada uno de ellos, sabiendo que resultados pasados nunca garantizan resultados futuros. Tienes que dejar pasar un tiempo prudencial hasta que tu inversión se iguale a la de la personas que has copiado.

CÓMO FUNCIONA *eToro*

Antes de continuar y sin entrar en ser un tutorial, vamos a explicar el menú de la izquierda que te encuentras al entrar en la versión web de *eToro*:

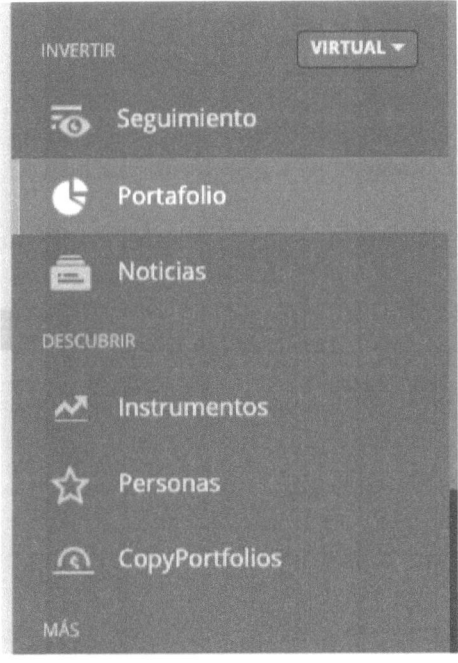

- Versión virtual o versión Demo: la primera gran noticia es que tienes una versión DEMO con 100.000 dólares de mentira para probar la aplicación sin ningún tipo de compromiso ni restricción.

Sí. Dólares. En *eToro* todo es en esta moneda. De momento. El cambio a euros se hace de forma sencilla aunque, si eres de los que miran el céntimo, lo vas a pasar mal.

Para mí, lo mejor fue practicar mucho y con **cantidades parecidas a las que luego iba a invertir** con dinero **REAL**. Porque si te flipas con cantidades mayores, luego te desmoralizan tus ganancias reales.

Cuando inviertas en MODO REAL, puedes seguir usando la Virtual para hacer simulaciones de inversión. Es muy interesante tenerla como **laboratorio de ideas**, antes de aplicarlas a tu cuenta Real.

- **Seguimiento:** aquí puedes hacerte listas de seguimiento de diferentes activos de inversión y agruparlos por temáticas. Cuando uno de ellos sufra una bajada o subida fuerte, _eToro_ **te avisará con una pantalla emergente en tu navegador o móvil.**

Eso puede suponer una oportunidad de COMPRA o VENTA. Aunque debes analizar mucho más.

Yo tengo **diferentes listas de seguimiento:** empresas que actúen en el campo de la Tercera Edad, _Big Tech_, inversores interesantes a los que copiar, ETF que me han parecido atractivos. Así los tengo siempre a mano.

- **Portafolio:** Aquí podrás ver tus diferentes inversiones con diferentes vistas. Puedes elegir también los datos que quieres que sean visibles de cada inversión. Es todo configurable para que tengas el mayor control sobre tu dinero.

- **Noticias:** aquí tienes un canal de noticias para poder estar al día de las diferentes reflexiones de otros usuarios. Como buena red social, puedes aprender mucho de otras personas. Tiene traductor integrado y puedes preguntar lo que quieras porque te suelen contestar.

También podrías escribir en el perfil de inversores expertos como Mariano si tienes dudas sobre su operativa o quieres leer lo que él pone.

- Instrumentos: es un escaparate de diferentes opciones de inversión. Los que más actividad han tenido en los diferentes momentos en los que lo mires. Puedes echar la tarde.

De aquí también puedes sacar ideas y oportunidades de inversión

- Personas: es aquí donde puedes elegir al inversor experto al que copiar. Puedes hacer consultas y filtrar por diferentes criterios de riesgo, activos invertidos, rentabilidad, etc... Otra tarde entera.

El mínimo para copiar a un inversor son 200$. A veces esto lo cambian. Comprueba la situación cuando vayas a invertir en copiar a alguien.

- *CopyPortfolios*: es igual que lo de copiar personas, pero esta vez las carteras de inversión son temáticas: las tienes de comida, turismo, medios de pago, cannabis... ¿en serio? Sí.

El mínimo para invertir y copiar estas inversiones es de 2000$ o 5000$. Depende del que elijas.

Son carteras diseñadas por _eToro_ y basadas en inteligencia artificial. Tienes un *CopyPortfolio* que se basa en las inversiones de Warren Buffett, no te digo más.

¿Que quién es Warren Buffett? Pregunta a la Wikipedia.

En este apartado, también tienes agrupados a los mejores inversores de _eToro_, basándose en diferentes criterios.

Si no tienes **2000$** o **5000$** para invertir en esto, puedes buscar a inversores que tengan algún *CopyPortfolio* de los que a ti te interesan en su cartera y poder copiarle con **200$**. Un truco que te hace más accesible invertir en *CopyPortfolio*.

El resto te dejo que lo investigues tú.

Recuerda: hártate de operar con la versión demo durante una temporada para ver lo que pasa con tu dinero de mentira. Eso te hará conocerte y saber qué tipo de inversor eres: activo, pasivo o un mix. No te dejes llevar por la codicia o creerte más listo que nadie.

Comenzar copiando a algún inversor experto o CopyPortfolio es una opción para que no se te vaya el día mirando la pantallita: como toda red social, eToro te puede generar una nociva adicción. Controla desde el principio.

CÓMO HACER UNA INVERSIÓN

En _eToro_ puedes COMPRAR o VENDER.

Si eliges COMPRAR, tu inversión va ligada a que el valor que has adquirido gane valor.

Si eliges VENDER, estás invirtiendo confiando en que baje. También se llama "venta a corto" y durante lo peor de la crisis del coronavirus, se prohibieron este tipo de operaciones en Europa. Te lo digo porque puede llegar a ocurrir de nuevo.

La opción de VENDER es muy peligrosa, sobre todo con Índices de países que siempre terminan subiendo y pueden dejarte colgado en tierra de nadie.

Vamos a ver un ejemplo de COMPRAR, que parece más constructivo.

Comenzamos a repasar conceptos desde arriba hacia abajo.

- Invertir / Ordenar: arriba a la derecha tienes este botón. Si lo dejas en Invertir, se ejecutará la orden en el momento.

En el mismo botón puedes ORDENAR una compra: consiste en que tu inversión se ejecutará cuando el índice, acción o producto de inversión que hayas elegido… alcance el valor que fijes previamente para la inversión.

Ejemplo: quiero invertir en *Apple*, pero cuando baje un 10%. Puedes dejar programada una inversión que se ejecutará cuando se cumpla ese requisito.

- Importe: eliges la cantidad de dinero que quieres invertir. Puedes elegir verlo en UNIDADES en el botón de la derecha.

- *Stop Loss*: es un freno a la pérdida. En esta inversión está fijado en que pierdas la mitad de tu dinero (-100$), pero lo puedes cambiar. Luego profundizaremos.

- *Take Profit*: lo mismo, pero con el beneficio. Puedes dejar esa cantidad o decir: cuando gane 20 dólares, quiero que se cierre la operación.

- Tarifa Nocturna: lo tienes abajo del todo. Son las comisiones por invertir con apalancamiento.

Vamos a ver en profundidad lo de CFD-HANDEL y ese X20 que es el apalancamiento.

Recuerda: piensa muy bien cada inversión que hagas. No te dejes llevar por la facilidad para operar que tienes en eToro. Puede ser tu perdición invertir a la ligera o a lo loco. Ata bien todos los criterios.

EL APALANCAMIENTO Y LOS CFD

Se trata de la trampa mortal para los inversores novatos.

El apalancamiento X20 que veíamos en la imagen anterior, significa que en lugar de invertir 200$, estás invirtiendo 20 veces más: 4000$.

Esto opera tanto si la cosa te va bien, como si te va mal.

- Si el GER40 sube un 2,5%, para ti será como si hubiera subido un 50% (2,5 x 20) y ganarás 100$

- Si el GER40 baja un 2,5%, para ti será como si hubiera bajado un 50% (2,5 x 20) y perderás 100$

Mi experiencia me dice que bajadas del 2,5% de un índice como ese son bastante frecuentes a lo largo de un año. Además, recuerda que *eToro* en los índices invierte en "Futuros", que cotizan también de madrugada de lunes a viernes. No juegues con tu descanso.

Si reduces el apalancamiento a X10, el índice tendría que bajar un 5% para perder tu inversión... algo mucho menos frecuente, pero que también sucede.

La gran tentación para los que invierten con poco dinero, es apalancarse para que les luzca más el pelo. La mayoría de la gente que sale escaldada de plataformas como *eToro* lo hacen por esta causa.

Moraleja: usa el menor apalancamiento posible. Si inviertes 4000€ sin apalancamiento en el DAX alemán, tiene que quebrar la economía alemana para que pierdas tu inversión. Concretamente, que su índice caiga un 50% REAL. Habría que mirar libros de historia económica.

Más apalancamientos.

- ACCIONES: el mínimo para invertir apalancado es de 100$. El apalancamiento es de X5: por lo tanto, estás invirtiendo por valor de 500$

Esto no quiere decir que puedas llegar a perder más de 100$ de tu inversión, sino que lo que tiene que bajar el valor para que la pierdas tiene un efecto multiplicador X5.

Ejemplo: si tu inversión baja un 10%… en tu caso significa que podrías perder 50$: el 50% de tu inversión. Eso lo provoca el X5.

Ten en cuenta también que, siempre que inviertas apalancado, tienes unas pequeñas comisiones diarias y de fin de semana que puedes ver en la parte baja de la pantalla de la inversión antes de realizarla.

Si inviertes en acciones reales, sin apalancamiento, el mínimo son 50$ y no tiene comisiones de ningún tipo.

Cuando inviertes apalancado, no lo haces sobre el activo real. Lo haces sobre CFD (Contract for difference).

Es un contrato mediante el cual dos partes acuerdan intercambiar la diferencia entre el precio de entrada y el precio de salida del activo subyacente sobre el que se ha establecido el CFD. Lo que determinará el beneficio o pérdida a la hora de cerrar una operación con CFDs en bolsa será siempre el tamaño de la variación (al alza o a la baja) del precio del activo subyacente.

En realidad, el peligro de invertir con CFD está motivado por su relación con el apalancamiento y el ejemplo que te he puesto con el DAX hace unos párrafos. Cuanto mayor sea el apalancamiento, más rápido puede subir o bajar tu inversión. Es posible que te vayas al WC y si has invertido con un apalancamiento de X20 en el DAX, igual cuando salgas has perdido la mitad de tu inversión.

Para terminar, decirte que si inviertes 200$ con un apalancamiento X20 y, por lo tanto, estás invirtiendo por valor de 4000$... en realidad tú no le debes a nadie 4000$. Lo máximo que podrás perder son tus 200$ iniciales. El apalancamiento se aplica y tiene su peligro en el efecto multiplicador que tiene sobre el beneficio y la pérdida, como te acabo de explicar.

Espero que te haya quedado CRISTALINO, como decía Tom Cruise en *Algunos Hombres Buenos.*

En el caso de los ETF, DIVISAS y MATERIAS PRIMAS también tienes diferentes niveles de apalancamiento. No aptos para cardíacos.

Las comisiones

Toda la cera que le dan a _eToro_ en internet, está provocada por las comisiones que cobra y por lo fácil que pone al inversor invertir con apalancamiento. No les falta razón.

Acabamos de ver que 200$ se convierten en 4000$ por arte de "magia". De la negra, concretamente. Si inviertes 1000$, te la estás jugando con 20.000$. Todo esto sin que te pidan la nómina para ver tu solvencia.

Por eso es tan importante formarte, informarte y por eso he querido escribir este libro. Porque _eToro_ es como Pirelli:

LA POTENCIA SIN CONTROL NO SIRVE DE NADA.

Recuerda, también como un Mogway que mola mucho, pero que puede mutar en Gremlin si no respetas las reglas.

Si usas el apalancamiento con sentido común y sabiendo lo que te acabo de contar, no deberías tener grandes disgustos con _eToro_. No más que con el riesgo implícito que tiene cualquier inversión.

Por si te estás preguntando si _eToro_ es legal o es un chiringuito que lleva cuatro días funcionando, te dejo su ficha y luego vamos con las comisiones.

ON AR TU DINERO

Información general de eToro	
Fundado en	2007
Plataforma	eToro
Tamaño mínimo de la cuenta	€200
Posición mínima	0.01
Activos	1000+
Apalancamiento máximo	1:400
Diferencial de EUR/USD	3 pips
Formas de pago	Tarjetas de Crédito/Débito, China Union Pay, Giropay, Neteller, PayPal, Skrill Limited UK, WebMoney, Transferencia Bancaria, Wirecard, Yandex
Cuenta demo	SÍ
Comerciantes de Españoles	SÍ
Regulado por	CySEC (Chipre), FCA (Reino Unido), ASIC (Australia)
Atención al cliente	Teléfono, Email, Chat en Vivo
Web	www.etoro.com/es Su capital está en riesgo.

eToro te cobra una comisión llamada *Spread*, cuando abres una operación de inversión. Nada más abrirla, verás una pequeña cantidad que suele ser negativa al arrancar la inversión. Esa pequeña cantidad (que suele rondar 1-2 dólares), es una de las comisiones que te cobra *eToro*.

Luego hay otro tipo de comisiones que se aplican de forma diaria si inviertes con apalancamiento.

Podrás ver el acumulado de comisiones cobradas en una operación apalancada que lleve tiempo abierta.

Si quieres invertir en acciones a largo plazo, **lo mejor es hacerlo sin apalancamiento** para que no se te acumulen las comisiones.

Te pongo el ejemplo de una inversión que hice en

Amazon con mi cuenta en **enero de 2020.**

Como puedes ver, la fecha de la inversión es del **29 de enero de 2020.** Tiene un apalancamiento X2: estoy invirtiendo 500$, en lugar de los 250$ de la inversión "real" que he hecho con el dinero demo.

Lo importante es que te fijes abajo del todo. Las comisiones que me han cobrado desde entonces por tener esta operación abierta acumulan 17$. No es moco de pavo.

Esas comisiones se van cobrando semanalmente de todas tus operaciones abiertas. Son unos pocos céntimos por cada una de las inversiones pero que, como puedes ver, si pasan meses se convierten en un dinerillo.

Eso si. Con una rentabilidad de mi inversión del 86,52%. Valora.

Otra cosa importante. Esos 17$ ya han sido descontados de mi cuenta poco a poco a lo largo de semanas. Si cierro hoy la operación, mi capital aumentaría 216,29$

Por cosas como esta es por las que *eToro* es muy criticada en internet. Por sus altas comisiones. Sin embargo, la curva de aprendizaje es tan rápida y la usabilidad tan increíble, que te puede compensar.

Insisto: controla el apalancamiento cuando uses *eToro*. Tatúatelo si hace falta.

Recuerda: mi objetivo es ser lo más honesto posible contigo y hablarte, a las claras, de las bondades y peligros que tiene eToro. Espero que este libro sirva para destacar lo primero y minimizar lo segundo. El 90% de mis operaciones fallidas en esta plataforma, tuvieron su origen en un apalancamiento excesivo. Codicia y creerte muy listo: combinación perdedora.

MINIMIZA TUS PÉRDIDAS: STOP LOSS Y TAKE PROFIT

Son la valeriana de tus inversiones. Son el yin y el yang, la cara y la cruz, Epi y Blas.

Vamos a verlos en detalle.

Ha llegado el momento de controlar nuestras inversiones para evitar tragedias.

Imagina que puedes limitar tus pérdidas y tus ganancias cuando inviertes. Pues eso hacen estas herramientas.

Todo lo que te voy a contar en este capítulo es cuando decides hacer inversión activa, es decir, sin copiar lo que hace otra persona y siendo tú el que decide cada inversión.

STOP LOSS. Hay que saber perder.

Como te he comentado antes, por defecto en las inversiones que realices, te fija una pérdida del 50%. Pero puedes cambiarlo en el momento de configurar tu inversión. También lo puedes aplicar cuando copias a inversores como Mariano.

Una de las filosofías más sanas para invertir es minimizar las pérdidas. Es la base.

Cuando una inversión se acerca a su posición de *Stop Loss* y, por lo tanto, a la posibilidad de perder parte de nuestro dinero, es cuando saltan todas las alarmas y nos entran los siete males. Bienvenido al club.

En ese punto tienes dos opciones: **ser fiel a la estrategia que hayas diseñado** o bien meter más dinero del que tengas disponible para intentar esperar el momento en el que comience a remontar. Se puede convertir en una tumba que terminas cavando tú mismo. Por experiencia.

TAKE PROFIT. Hay que saber ganar

Si es importante saber perder y cortar una sangría a tiempo, también lo es el **saber ganar cuando vas ganando**. Lo que se llama en el mundo de la inversión:

"dejar correr los beneficios"

Los nervios cuando he ido ganando dinero son algo extraño. La cosa va bien, pero **me costaba disfrutar del momento**. Te puede entrar el tembleque y cerrar una operación que iba bien, pero que por miedo a que se tuerza, aplicas lo de mejor pájaro en mano que ciento volando.

Eso se arregla diseñando un método que **apliques a rajatabla y que no cambies por nada**. Tienes que creer en lo que estás haciendo y pensar que, si algo está subiendo, no tiene por qué dejar de hacerlo.

Pero para calmar los nervios, en *eToro* hay un grandísimo invento.

STOP LOSS DINÁMICO. Ante todo, mucha calma.

Imagina que has invertido 100$ con un *Stop Loss* del 10%; es decir, que si pierdes 10$, tu inversión se cierra.

Imagina que tu inversión te está dando un beneficio de 20$: 120$

Tienes 120$ y un gran miedo a que la cosa de la vuelta y comience a retroceder. Es entonces cuando entras en pánico y miras tu *Stop Loss* situado en -10$.

Es entonces cuando **puedes proteger tus ganancias** y colocar tu *Stop Loss* en 0$. De esa forma, si la cosa se da la vuelta, no pierdes nada de dinero. Tiene poca gracia porque tampoco lo ganas.

Lo interesante es que puedes activar la casilla de *Stop Loss* dinámico. Eso significa que:

- Si tu *Stop Loss* está en 0$ y tu inversión en 120$, si tu beneficio sigue creciendo por arriba... también se moverá tu *Stop Loss* por abajo.

- Si llegas a 130$, tu *Stop Loss* por abajo tu inversión subirá a 110$. Con 10$ de beneficio.

- Si llega a 150$ tu inversión y vas ganando 50$ de beneficio, tu *StopLoss* también avanzará y se fijará en 130$.

De esa forma, te aseguras un beneficio mínimo del 30$ aunque las cosas vayan mal, dando la oportunidad a que una inversión que te va bien... no sea cerrada por miedo a perderlo todo.

ALERTA DE PRECIO. No descuides tus inversiones

Una ayuda más. En *eToro* puedes activar en todas las inversiones una ALERTA DE PRECIO.

Imagina que hemos hecho una inversión en INDITEX y hemos establecido un *Stop Loss* del 8% para que se cierre. Si invertimos 100$, solo estamos dispuestos a perder 8$.

Pues mira

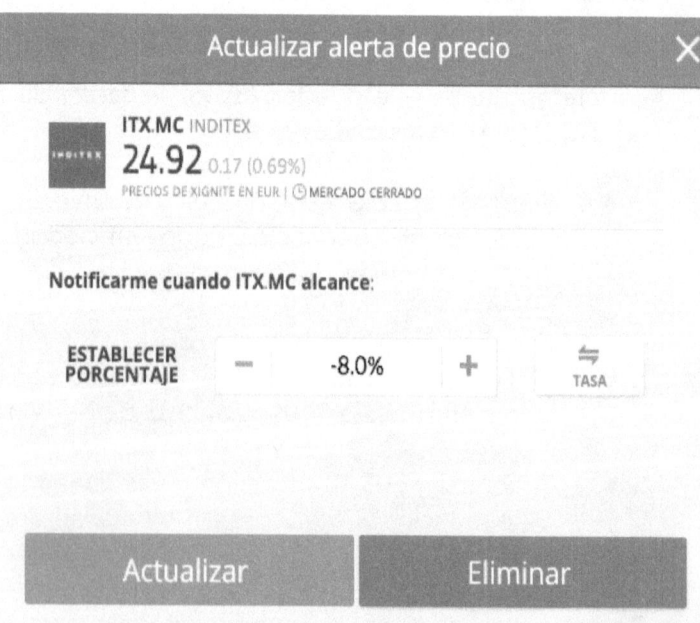

Podemos decirle a *eToro* que **nos avise cuando la cosa se ponga fea.** Es decir, cuando nuestra inversión vaya perdiendo un 8% y se acerque a la zona peligrosa.

En ese momento es cuando podemos tomar decisiones. Aunque, como ya hemos dicho, **no es bueno aferrarnos a una inversión que va mal** porque podemos terminar perdiendo más dinero… hay ocasiones en las que podemos invertir más dinero y ampliar nuestra pérdida momentánea, porque tengamos la certeza de que es algo pasajero.

Un ejemplo claro ha sido el derrumbe de valores como: *Aena, Amadeus, Meliá* y todos los valores turísticos durante la pandemia. Han sufrido pérdidas brutales durante la pandemia de 2020, pero todas ellas se están recuperando a medida que se va produciendo la desescalada a nivel mundial.

Espero y deseo que este capítulo te haya tranquilizado al darte herramientas para configurar bien tus inversiones. Cada una de ellas hay que pensarla bien y dejarla configurada desde el principio: con lo que estamos dispuestos a perder, a ganar y poner la alerta que nos haga reaccionar a tiempo si llega el caso.

_____

Recuerda: cuando invertimos en bolsa, nunca perdemos nuestro dinero hasta que ejecutamos la venta de una inversión que está en pérdidas. Si se recupera, volverás al estado inicial y, muy posiblemente, a ganar dinero con la misma inversión que parecía un desastre. Por otro lado, empeñarte en meter más dinero en una operación que va mal, puede tener muchas peores consecuencias que asumir tu error y seguir adelante.

Diseña un plan y, si te funciona, síguelo por encima de todo.

Compra cuarto y mitad de resiliencia. La vas a necesitar.

Parte Tres

CÓMO INVIERTO YO

MI DECÁLOGO

Mi experiencia con _eToro_ es todo lo que te acabo de contar. He cometido todos los errores posibles, incluyendo el abusar del apalancamiento y perder inversiones por pura imprudencia.

Te voy a enumerar una serie de aprendizajes que he adquirido en año y medio operando con esta plataforma y con las opciones de inversión pasiva que hemos visto al comienzo:

1. Invierto dinero que **NO represente** una **cantidad importante** y que pueda llegar a perder sin poner en peligro mi economía. Aparte tengo el colchón y el bote de contención.

2. Jamás pienso que puedo **adivinar lo que va a suceder en el mercado.** Esto me ha costado algún que otro revolcón. Ego en estado puro es el que te lleva a cometer este error.

3. Establecer una **rutina de inversión** en la que me fijo un mínimo de ganancia al día.

Ejemplo: 20$. Eso son 100$ a la semana y 400$ al mes. Cuando gano esos 20$, dejo de operar aunque me pierda una subida gloriosa de la bolsa. (Eso cuesta MUCHO hacerlo).

Si tengo una inversión que va muy bien y supera esa cantidad, pongo un _Stop Loss_ dinámico para asegurarme, como poco, ese beneficio. A veces sube tanto que gano el doble o triple, pero ya sobre seguro.

4. Para inversiones a largo plazo utilizo mi Fondo de *ING Direct* que te comenté hace unas páginas. La Inversión pasiva e interés compuesto es una gran opción para vivir tranquilo y combatir el efecto de la inflación sobre tu dinero.

5. Nunca aconsejo a nadie que invierta en nada. Ni siquiera este libro pretende eso. Con que te haga tomar decisiones que impidan que la inflación se coma tu dinero, me daré por satisfecho.

6. Me gusta el mundo de la inversión. Saber que las empresas que lo hacen bien suelen ir bien en bolsa es un tema muy interesante. Ver cómo un *tuit* de Trump puede provocar ruinas y millonarios no es tan divertido.

En todo caso, si te gusta el entender cómo funcionan los mercados, la cosa será más interesante.

Entender por qué *Netflix* o *Zoom* han subido tanto durante la cuarentena. Obvio. Pensar y analizar si *Tesla* será el *Apple* de los coches eléctricos o vendrá alguien que le pase por la izquierda.

7. Procuro leer y formarme sobre inversión, escuchar podcast, ver canales de *Youtube* y leer libros relacionados con la inversión. Hay una serie de rutinas que te dejaré en el siguiente capítulo.

8. He reducido mis apalancamientos. Siempre que puedo lo hago con el dinero real. También el uso de *Stop Loss* para proteger ganancias: acuérdate del dinámico.

Y establecer <u>Alertas de Precio</u> en todas mis inversiones. Ninguna la hago a lo loco. La pienso, la diseño y pongo las alertas pertinentes. Es la forma sensata de hacer inversión activa.

9. **Me concentro en pocos activos de inversión.** Cuando hago **inversión activa**, prefiero invertir en el DAX y un par de cosas más que comenzar a diversificar. Por mucho de que *eToro* me avise de que X empresa ha bajado mucho en bolsa, no me dejo llevar por cantos de sirena en mis inversiones. Esto también cuesta.

El que mucho abarca poco aprieta.

Para diversificación ya tengo mi **inversión pasiva** en *ING*.

10. Si una inversión se tuerce y se acerca el *Stop Loss* puedes meter más dinero para aguantarla abierta. Mi experiencia me dice que es una mala idea. **Admitir que no ha salido bien, asumir la pérdida y seguir adelante**, es lo que mejor me ha funcionado.

Para mí, el éxito en las inversiones no implica ganar mucho sino de **perder lo mínimo posible** e ir sumando beneficios poco a poco.

Recuerda: yo tuve que derribar muchas barreras hasta poder invertir con tranquilidad y disfrutando del uso de <u>eToro</u> *y de mi inversión en ING. Sí, he dicho disfrutar.*

Porque tomar conciencia de tu dinero es hacerlo de tu tiempo… y eso te acerca a un futuro en el que pisar con más firmeza y sabiendo que estás en primera línea de tus decisiones y sus consecuencias.

MI RUTINA DE INVERSIÓN

Con la inversión pasiva lo único que hago es mirar cómo van las cosas quincenal o mensualmente.

¿Por qué invierto con *eToro*?

Te voy a enumerar mi rutina de inversión activa y los recursos que utilizo en mi día a día con *eToro*: una plataforma para operar en bolsa que para mí es la que mejor se adapta a mis conocimientos y formación. Muchos de sus detractores sienten como amenaza su facilidad de uso y las increíbles herramientas que da al usuario final. Si yo fuera un profesional de la inversión o quisiera vender cursos envueltos en complejidades innecesarias, también me preocuparía y la criticaría.

Lo que yo hago con *eToro* es lo que conoce en el mundo de la inversión como *Day Trading*: tiene mala prensa porque consiste en hacer inversiones a corto plazo para ganar dinero. Bajo mi punto de vista, con la debida formación e información, es una forma muy interesante de aumentar el rendimiento de nuestro capital.

Un tabú más a derribar.

Allá van mis claves para este tipo de inversión:

1. **Duración de mis inversiones.** Algunas las aguanto varios días y otras que duran menos de un día. Esto lo tengo en cuenta para el tema de los Futuros que he comentado y que cotizan también por la noche. No me conviene hacer inversiones apalancadas que puedan

irse al traste mientras duermo.

2. Rutinas diarias. Por las mañanas siempre veo el video de apertura de mercados de Julio Fernández del canal de *Youtube*: Cartera Global. Se publica sobre las 8:00 a.m. Hora española.

Aunque no pretendo adivinar lo que va a suceder, tengo probada experiencia de que dice cosas con muchísimo criterio. Son 10 minutos diarios entre semana que me sitúan sobre cómo están las cosas. Analiza varios índices, el Oro y el par Euro/Dólar. Hace actualizaciones a las 11:30 y 17:30. Aunque prefiero no obsesionarme.

Te habla de soportes y resistencias que, muchas veces, se cumplen. Hay muchos detractores de este tipo de análisis, pero funciona en muchas ocasiones.

También consulto **Investing.com**. Es una web y app para inversores que te da información muy interesante que puede afectar a tus inversiones. Si buscas el activo en el que has invertido, podrás ver la tendencia que marca el mercado con diferentes colores: rojos o verdes.

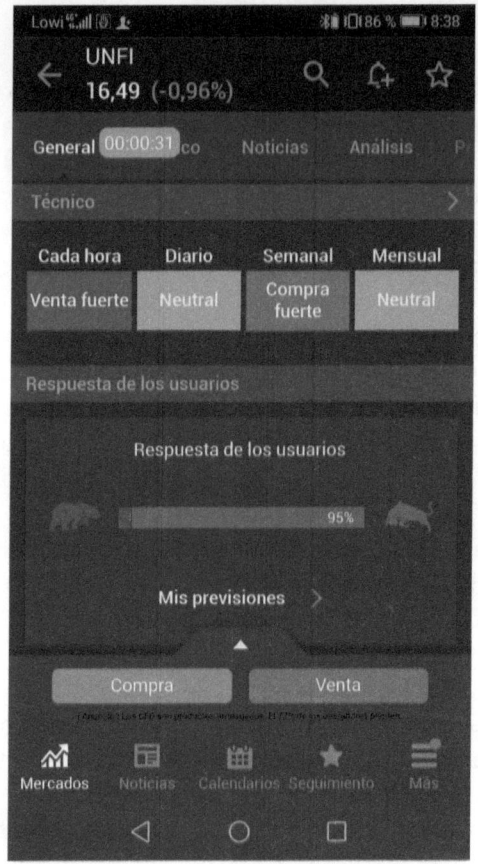

Aunque tampoco es 100% fiable, **te sirve para orientarte** de forma sencilla sobre las tendencias del mercado. Recuerda que intentan adivinar lo que va a pasar es utópico.

En la web de Investing.com, también puedes consultar en su buscador una empresa americana y ver cuál ha sido la tendencia que ha tenido tras el cierre de mercados del día anterior. Esto es interesante si, por ejemplo, esa empresa acaba de presentar resultados. Si la tienes en tu cartera y ves que ha subido un 15% tras el cierre… estate atento al día siguiente a las 15:30 con la apertura del mercado americano.

El dato figura en el *After Hours* de esta imagen:

⬆ 1,001.78 +7.46 (+0.75%)

🕐 23/06 - Closed. Currency in USD (<u>Disclaimer</u>)

After Hours ⬇ **996.30** -5.48 (-0.55%)   19:59:59 - Real-time Data

A mediodía me llega una **newsletter de** *eToro* en el que se comenta la situación de los diferentes activos destacados. Te anuncia también las empresas que presentan resultados ese día y el siguiente. Es una buena ocasión para valorar inversiones.

3. Hay otro **canal de** *Youtube* fantástico que se llama El Arte de Invertir. Saca un video **cada domingo**. Da pistas muy buenas de lo que hacen los grandes inversores. Aunque recuerda: no des consejos ni dejes que te los den.

4. También los **domingos,** escucho un podcast llamado Tu Dinero Nunca Duerme. Está genial para comenzar a tener un poco de cultura financiera. Si comienzas a escuchar desde el principio, tendrás una foto muy buena de cómo funciona el mundo de la inversión.

5. Te recomiendo también el **libro de Jose Antonio Madrigal** titulado: **El pequeño libro de la inversión en Bolsa**. Puedes escuchar conferencias suyas en Youtube que te revelarán una filosofía de inversión que he podido ver que funciona.

Para la inversión pasiva, te recomiendo **El pequeño libro para invertir con sentido común**. John C. Bogle. Todo un monumento a la inversión pasiva indexada.

6. Como te he dicho antes, procuro fijar una pequeña cantidad de **ganancia diaria o semanal y luego dejo de operar**. Eso me libra mucho de emociones negativas, de ser traicionado por mi ego. Aunque me pueda perder alguna que otra orgía bursátil, me compensa.

Prefiero dormir tranquilo y aprovechar oportunidades que se producen cuando no estoy invirtiendo.

7. Nunca invierto **todo el dinero que tengo disponible** en *eToro*. Es bueno dejar un porcentaje del dinero en reserva por si se produce una bajada brusca, por ejemplo, de un Índice. Mi experiencia me dice que siempre se terminan recuperando a corto plazo. Si se trata de una empresa, la remontada puede tardar meses o años.

Que se lo digan a los que compraron acciones de Banco Santander. ;-(

8. A la hora de realizar una inversión en una empresa o índice, es una **buena idea dividirla en dos partes**. La mitad en cada una de las inversiones. Es una forma de

minimizar riesgos.

Si quieres invertir 800$ en el DAX alemán (GER40 en *eToro*). Abre dos operaciones de 400$ cada una.

9. Si tienes espíritu inversor, lo descubrirás tarde o temprano. Si quieres hacer que tus ahorros crezcan de forma tranquila, la opción de la inversión pasiva es la que yo considero más interesante.

Un mix de inversión pasiva y activa, es para mí la mejor combinación.

10. Elijas lo que elijas... fórmate, lee, interésate por los conceptos básicos de tu inversión para comenzar a tener una mejor cultura financiera. No vuelvas a creer en quien te regala una *Roomba* por domiciliar tu nómina.

Recuerda: Esto que te acabo de contar, es lo más parecido a mi rutina de inversión diaria y semanal. Lo que hago cada día para manejar mis inversiones en eToro y las fuentes de formación gratuitas de las que me nutro.

El único motivo por el que hago esto, es porque he descubierto que el mundo de la inversión me hace ser más resiliente en mi vida real. Potencia la racionalidad, el pragmatismo y una alta resistencia que me permite controlar impulsos y emociones.

FISCALIDAD

Llega el momento de echar cuentas

Muchos os preguntaréis por la fiscalidad de las ganancias en *ING, Indexa, Finizens* o *eToro*. En el caso de las tres primeras, son las propias entidades las que me han enviado la documentación en tiempo y forma.

En el caso de *eToro*, dentro de la aplicación te puedes descargar un informe 100% válido que servirá a tu gestor para hacer la declaración.

A grandes rasgos:

- Tendrás que tributar el 19% de tus ganancias netas, con algunos tramos que te aclaro en este cuadro:

Base imponible	2019
Hasta 6.000€	19%
6.000,01 - 50.000€	21%
50.000,01€ en adelante	23%

- Si tienes pérdidas, por ejemplo, de 1000$ el primer año con *eToro*, podrás compensar esa cantidad durante los cuatro años posteriores. Es decir, que si en esos años ganas 250$ cada año, no tributarías ese 20% porque estarías compensando pérdidas.

Recuerda: busca el consejo de un experto en temas de fiscalidad para no pillarte los dedos. Las condiciones pueden cambiar en cualquier momento o ser diferentes en casos particulares.

PARA TERMINAR

Espero que este libro te haya servido para despertar tu interés por cómo te relacionas con tu dinero.

Desde cómo lo gastas, cómo lo ahorras y cómo lo inviertes para tener un horizonte de tranquilidad económica y que, cómo afrontes la próxima crisis o tu propia jubilación, sea algo que dependa en gran parte de ti.

El grueso de mis inversiones no está en *eToro*. Están en el fondo de *ING* que te he contado y que es inversión pasiva.

Las ganancias de *eToro* me permiten reinvertir en la propia plataforma, pero también hacer reembolsos que refuerzan el resto de mi estructura económica

Repasemos cómo sería un modelo sensato con respecto al dinero.

1. **Cuenta corriente.** Todo aquello que se paga y gasta mes a mes.
2. **Bote de contención.** Gastos de cómputo anual: seguros, IBI, vacaciones...
3. **Colchón.** Ese dinero que cubre todos tus gastos durante, al menos, 3 meses.
4. **Inversiones:** repartido entre inversión pasiva y activa. Si todo va bien, estas inversiones podrán alimentar a colchón o al bote de contención.

Soy de los que piensa que, en los veinte años que quedan para mi "jubilación", prefiero planificar mi economía para depender de mis decisiones. Ser capaz de garantizarme a mí mismo y a mi familia, mientras pueda, una tranquilidad basada en la sensatez y en asumir la responsabilidad sobre nuestro dinero.

Eliminar incluso la idea de "jubilarme" porque sienta que hago lo que me gusta. ¿De verdad tengo que dejar de escribir cuando llegue a una edad concreta si me siento bien para seguir haciéndolo? Me recuerda a lo de los viernes y los lunes.

Nos venden la idea de sacrificio durante un tiempo, para obtener una recompensa en un futuro que siempre es más breve. Como lo de sufrir de lunes a viernes para "disfrutar" solo durante el fin de semana. En el caso de la pensión, cuando nuestro cuerpo no esté para tantos trotes. Lo siento, pero no me convence.

ACTUALIZACIÓN RENTABILIDAD

Aquí comparto contigo cómo van mis inversiones en fondos indexados de ING DIRECT.

Fecha de apertura: 24/09/2019
Rentabilidad acumulada: 72,02%
Rentabilidad año en curso: 5,87%
Rentabilidad últimos doce meses: 9,54%

¿Cómo te quedas? Recuerda que el mejor día para comenzar a invertir con cabeza fue ayer. El segundo mejor es HOY.

Además, mis hijos Óliver y Alma tienen abierto sendos fondos indexados también en ING con el siguiente rendimiento.

Fecha de apertura: 05/07/2022
Rentabilidad acumulada: 26,84%
Rentabilidad año en curso: 6,87%
Rentabilidad últimos doce meses: 12,24%

Confío en que el interés compuesto les allane el camino en el futuro.

Recuerda: pretendo revisar anualmente los resultados de mis inversiones para mantenerle motivado y demostrarle que lo que funciona es siempre a largo plazo.

¿Cuál es tu situación? Recuerda que el mejor día para

empezar a invertir con inteligencia fue ayer. El segundo mejor día es HOY.

Si valoras mi transparencia y honestidad, empieza a invertir con mi ayuda, paso a paso:

Recuerda: _tengo_ _intención_ _de_ _revisar_ _anualmente_ _el_ _resultado de mis inversiones para mantenerte motivado_ _y para que veas que lo que funciona es siempre a largo_ _plazo_

GRACIAS

Hasta aquí hemos llegado

Muchas gracias por llegar hasta aquí. Ha sido un placer escribirte para ser leído.

- **Me he vaciado de verdad** contándote todo esto. Espero que te ayude a pasar a la acción como mejor consideres. Si sientes has recibido una información valiosa, se me ocurren dos cosas:

- Si te animas a probar _eToro_, **el mayor agradecimiento sería que te dieras de alta con mi enlace de afiliado.** A ti no te cuesta nada y a mi me supone un detalle por parte de la plataforma.

- Puedes hacerlo en este enlace de _ETORO:_

- Si realizas el alta con ese enlace, **te regalo 2 sesiones de 60 minutos cada una para resolver todas tus dudas** sobre cualquier tema de este libro y de tus inversiones en _eToro_.

Te agradezco de corazón que hayas llegado hasta aquí y le hayas dedicado tu tiempo a este libro. Te deseo lo mejor.

_____

Si te gusta este libro, lo que más me ayuda a seguir escribiendo es tu reseña en la plataforma que lo hayas comprado.
Gracias de corazón

Gracias por tu apoyo. Sigamos leyendo y escribiendo.

OTROS TÍTULOS DEL AUTOR

- INIMITABLE. Un manifiesto breve y directo sobre lo único que la inteligencia artificial no podrá jamás replicar: tu autenticidad. Mezcla de experiencia real y reflexión estratégica, te desafía a dejar de parecerte a todos para empezar a destacar como tú. No es un libro técnico, es un recordatorio de que ser irrepetible sigue siendo tu mayor ventaja. (publicado en 2025)

- TU EDIFICIO EMOCIONAL. Un cuento ilustrado que te lleva por las plantas invisibles de tu mundo interior, desde el sótano del cansancio hasta el ático de la exigencia. Nació como un post viral, pero hoy es un espejo silencioso para quien necesita parar, mirar y reconstruirse. No es autoayuda, es arquitectura emocional contada con ternura y verdad. (publicado en 2025)

- APRENDIZAJES DE PELÍCULA PARA TU NEGOCIO (VOL.1) El primero de los libros en los que Nacho Caballero destila la Metodología StorySelling aplicada a algunas de sus películas favoritas. (publicado en 2024)

- DEL STORYTELLING AL STORYSELLING: El libro en el que Nacho Caballero pone las bases de cómo el Poder de las Historias, pueden ayudar a comunicar mejor lo que piensas y vender mejor lo que haces. (publicado en 2024)

- TU VIDA CUENTA. Un libro pensado para todas aquellas personas que, a través de sus decisiones, quieren recuperar el protagonismo de sus vida. Storytelling aplicado a tu vida para que consigas tus objetivos. (publicado en 2022)

- ESCUCHAR, DETECTAR, AYUDAR. Libro sobre el mundo de la empresa, el marketing y las ventas... a través de la experiencia profesional del autor durante treinta años. (publicado en 2021)

- CÓMO GESTIONAR E INVERTIR TU DINERO. Cuaderno práctico basado en uno de los capítulos de Pareja y Equipo. Un Spin Off en el que se profundiza sobre la mejora de nuestra relación con el dinero. (publicado en 2020)

- PAREJA Y EQUIPO. La secuela de NO SOY EL TÍPICO que te plantea, con humor, cuestiones repletas de amor.(publicado en 2020)

- YA NO ME GUSTA. La experiencia emocional de vivir seis meses sin redes sociales. (publicado en 2019)

- NO SOY EL TÍPICO. Una historia de amor, emprendimiento y conciliación a través del humor. (publicado en 2018)

- LUEGO DECÍS QUE DIGO. ¿Qué tienen en común todos los periódicos que se publican en nuestro país? (publicado en 2014)

Contacto

Nacho Caballero - Formador especializado en StorySelling e Inteligencia Artificial

- **Teléfono**: 650 486 412 (devuelve llamadas perdidas)
- **Email**: hola@nachocaballero.com
- **Sitio web**: www.nachocaballero.com
- **LinkedIn**:

- **Gemelo Digital creado con IA**:
- https://www.nachocaballero.com/gemelo digital